Pour Rob

"fragments noirs",
détournements
cinématographiques et autres,
dans les couloirs
oxymoriques de la bonne
et de la mauvaise
(in-)conscience...

Amitiés,

DU MÊME AUTEUR

De l'absinthe au thé vert, l'Hexagone, 2005.
Nous sommes toujours à 93 kilomètres de quelque part, Les petits villages, 2004.
À ceux qui sont dans la tribulation, l'Hexagone, 2004.
Le thé dehors, Triptyque, 2002.

~

Qui, mieux qu'un lézard amoureux,
Peut dire les secrets terrestres ?

René CHAR

Thierry Dimanche

L'aurore marâtre

cauchemars

Le lézard amoureux

ISBN : 2-923398-06-8

Dans les verts brouillards de l'Aurore
Ah ! tout ce qui se cache, ce qui se cache de bonheur
Et de malheur.

Max JACOB

PROLOGUE MUET

Maintenant je
vais vous brûler la langue

comme un pentecôtiste aveugle

et nous mettrons *de vraies robes*

et nous serons très belles
là-dedans

GRAND ÉCRAN DE LA DOULEUR

Au grand écran de la douleur
les petites rédemptions circulent
sans prédestination

laissez passer le médecin
laissez passer le prêtre
il y en aura pour tout le monde

cette fillette en nous
sait quoi faire
elle n'aura plus
la naissance désarmée
parmi ses cauchemars

LA VIE DURE

Chaos en elle et autour d'elle
c'est une très vieille histoire
que chacun se raconte
en un instant

un beau roman
cautérise la plaie
d'où le jour est sorti

la vie est dure
mais il n'y a rien de plus dur
qu'une petite fille hors d'elle-même

SEULE DANS MON IDÉE

Toute seule dans une idée
toute seule dans un sentiment
son imagination trouve délivrance
entre deux herbes

si le voisin s'en mêle
ou qu'elle devient sa propre voisine

nous pourrons lire en elle
la différence

entre s'agenouiller puis courir

FISSURES DE POUPÉE

Elle se caresse la tête
poupée de porcelaine
à peine recollée

demande pardon
pour ce qu'elle n'a pas fait

mais dont elle porte encore
toutes les marques

écolière manquée
à l'innocence gênante
et pourtant

l'agente du lendemain

JE LA FRISERAI

Ils étaient beaux tes cheveux
de ton vivant
mais ta disparition
nous la friserons

cela n'a presque
aucun sens

une autre fleur malade
sur le fumier du monde
a chuté

CONTRE-JOUR

Chez ces gens-là
on disait que le jour se brise
pour exprimer son lever

plus personne
n'appellerait sa fille Aurore

ce fut le premier mot à se vider

suivi par tous les autres jusqu'à
nous

LES VACHES MAIGRES DE LOTBINIÈRE

Années poubelles et jamais assez maigres
nul télégraphe n'a la puissance
d'une mémoire blessée

le meilleur de la superstition
d'amour et de douleur en réseau
survécut aux fausses couches du territoire

avant que naisse l'agnelle de ces lieux
jour d'éclipse totale

LES PETITS CHIENS

En ce temps-là
il y avait toujours
des petits chiens à vendre
par ici

mais vous n'en auriez plus

si ce n'est
de l'aboiement sifflé
parmi les sacs

qu'importe

je vous rappellerai

BROSSES BRÛLÉES

Pour son anniversaire
elle leur fit un bouillon
avec ses brosses à dents

jamais plus
on ne souillerait sa bouche
de lessive
ou d'une autre hygiène

fumantes
les brosses brouillèrent le séjour
firent tousser la famille

pour des crachats lisibles
où l'on décoderait
quelques accusations

LEÇON D'HISTOIRE

Guère plus à raconter
trop d'histoires sur ton compte
ont obscurci ta vie

une libido morbide a cloué
page sur page sur ton corps

ce sera très bien ainsi

des idées folles

tentacules pour tout le monde

LA VIE ÉCRASE LE MONSIEUR

La vie écrase le monsieur
qui se venge en négligeant sa fille

la vie dévisse la justice
qui doit se faire une beauté coriace

la lourdeur est une idée
qui en engendre beaucoup d'autres

il n'y a pas de loup
comparable à la paresse de l'homme

ZÉNITH BATTU

Entendu
l’aurore se battre
à midi

décimant le remède rouge
ses extensions coupables

ô docteur
vos rétines sont très lourdes

midi vomit
les effets secondaires de l’aube

LA PETITE FILLE-ALLUMETTE

à G. Soucy

Flambante jeunesse
déshabillée au pilori
tu craques pour des empires
te laissant sur tes gardes

combien de pères pendus
ou de mères immolées
pour arriver jusqu'à toi
dans la sadique inclinaison du peuple

aucun cercueil
assez noble pour te contenir
belle évadée
dans le royaume des membres grillés

L'INSTITUT DE BRONZAGE

Sous un soleil stupide
elle s'est étendue
fraîche morte
pour s'attirer des regards
qu'elle piégerait ensuite
loin de nous
pauvre assommée
longtemps tendue dans des mémoires
inexactes

BOUCHE DE SALUT

Tu ne pleurniches plus
tu prononces ta douleur

ni stoïque ni soumise
à l'affût quant aux dominations

nous sommes témoins
de tes aveux accidentés
que médecine et religion se disputent
à leur seul avantage

ta densité conquise saura renaître
parmi d'autres rencontres
où la chanson s'annonce
inaccessible

MÉDUSÉE

Ne suis-je pas noyée
dans les paroles des autres
à cœur de jour ?

océan d'alarmes
où flotte mon nom
traversé-fouetté
sur le bouillon des origines
qu'on me refuse

MENTIR PIEUX

Tu dois apprendre à mentir
pour tromper ta dépouille
au nord à l'est de la brume

ta petite tête encombrée
par tant de débris
peu à peu claire parmi tes démêlés
avec vivants et morts

cela sent le silence qui se rompt
comme un cadavre que le printemps
ramène

LA MOISSONNEUSE-BATTEUSE

Des inventions
pour attirer votre pitié
ne seront retenues
que les plus imparfaites

malgré le grain de la Bible
il est préférable d'errer encore
quelques années

si les hérésies nous révèlent
nul à seul

Il existe en Belgique une institution dont le besoin, sans doute, en France se fait sentir vivement : la Société pour la protection des enfants martyrs. Son mécanisme compliqué comprend, ainsi qu'il est aisé de le reconstituer, trois catégories de membres : ceux qui protègent les enfants, ceux qui ont mission de les martyriser, et d'abord ceux qui s'emploient à les faire.

Alfred JARRY, *La chandelle verte*

CONFIDENCE 818

Ça se saura
vous ne m’aurez pas vue pleurer

le manche de hache paraîtra intact
je n’en serai pas moins
une personne importante

musique discrète
à l’orée de Pachelbel
devant un mur opaque et sans lamentation
juste le poivre nécessaire
une épice pour nous achever

mon manteau retourné
dans le souffle des nécrophiles distraits

LA VÉRITÉ (PAR LA BOUCHE DES ENFANTS)

Le Québec est cet infanticide perpétué
de parole en paroles
fils et fille mis au neutre
dans un brassage de neige larmoyant et mesquin

entendons-nous la guérilla d'orphelins
qui chahutent à nos portes de grange ?

ces abandons sevrés de leur toxine
nous emmènent
en des générations disjointes
où la culture jaillit sous garrot

DU VENT !

Livrée aux quatre dimanches
la survivante est une proie
plus puissante que ses frayeurs

à la fine pointe de ses os
le passé jouit d'avaler le futur
plus personne ne se justifie
pour blinder ses amours

entre les coups et les cris
elle nous pointe une révolte
à retourner Ciel et Terre
chez leur expéditeur

AURORE BLEUE

Petite Aurore
tu as le blues
inscrit sur la figure

ô petite
ton rebond nous obsède
en mille nœuds sur la langue

tu nous décimes encore
tourne encore le couteau
pour mieux tresser nos tripes
avec les tiennes

petite aurore
tu es remède et poison
tu es éclipse et comète
défilé noir et blanc
de pixels impitoyables

PÂQUES

Lumière imprévue
tu t’avances pour me battre
avec ton fouet d’étoiles

plus rien à lire
dans ton printemps impudique

fillette renée
pour faire marcher les morts

pour assembler les mots

FAIRE VIDANGE

Aux aurores
poêles vidés
mêlons nos cendres
à cette grisaille glacée
sur le fleuve

toujours étrange
toujours intruse
douleur demande invention
silence veut un cri
plus silencieux
pour recouvrir l'impuissance
et nocer
parmi gouffres et langues

L'ABBÉ CLAUDE (CASSE-TÊTE)*

Aurore de minuit
aux yeux crevés...

Cendrillon boréale...

fumée

œuf

nœud !

mais qu'est-ce donc qui me chatouille ?

je suis un criminel imminent...
devant de pauvres filles nues
prostituées par la misère

et qui sont propres à populariser
le mythe
du scandale
amusant

RÉCUPÉRATION

Pour combien de temps
cette âme empruntée
me jouera-t-elle ses tours ?

si j'abdique à ma guise
tout le tonnerre se perd
rien ne se crée

avide d'obstacles
je récuse mes ébranlements à venir
troublant chaque visage pour mieux lire
ma conquête

D'AMOUR QUE SUR TERRAIN DE CRUAUTÉ

Les parlants me regardent
comme si j'étais née

oubliant que se lever c'est devoir
[répondre de tous ses organes
à la sauvage quincaillerie du dehors

la vie tue
chaque jour
pendant que la mort tire de la lune
des survivances
à balancer sur nos déserts

la question de la lumière faut-il dire
n'est pas aussi claire pour chacun

POURSUITE TRIVIALE

Voisins !
ne sauvegardez jamais
en de pareils moments

une petite échelle en vous veut sortir
meurtrie par cette chaîne surpeuplée
d'appropriations remises au lendemain

la culpabilité à nos trousses
est notre plus grand secours

souffrir pour rien
enseignement pour manier
la racine de ses rêves

quand nous ne croyons plus
à ces quelques frontières
où nous prenons visage

MON BÉBÉ NOIR

Être une petite fille noire
c'est ce qui nous arrive
pour avoir cru aux autres si longtemps

c'est pourquoi nous sillonnons
des purgatoires sur mesure
une asphyxie l'arpent
jusqu'à lisser les vagues d'apitoiement
sans autre salaire

les morts et leurs silos de peine
nous appartiennent mieux que l'on croit

CIRCULAIRES TABLES DES LOIS

Brandis comme des hosties
les ronds de poêle ont des mots
pour chacun
mots pour cuire pour brûler
traverser jusqu'à d'autres familles

grâce au leadership diffus des abeilles
on se passe du Seigneur
il est temps de rendre à César
ses attributs pourris

MINIATURE MENACE

Jésus ! je te demande
de demeurer où tu es
les mains en l'air
et que personne ne bouge
ou tu es mort une autre fois

nous ne sommes jamais nés
Fortierville respire
les forêts se débrouillent
pour allonger la monnaie
le tiroir-caisse de l'aube s'abat
dans une mignonne dislocation

LE PAIN BRÛLÉ

J'ai le goût du pain brûlé
du levain qui cesse de fermenter

crache le sang
c'est la rosée
le sabre dont je mourrai
(Georges Bataille)

car vraiment
Ô vraiment marâtre est Nature

mais si naître est douleur
et douleur naître
nous n'en resterons plus
à des airs éplorés

grâce auxquels on nous confisque le mal
et ses renversements

car vraiment
MARÂTRE EST MARTYRE
et MARTYRE MARÂTRE est **POUVOIR**

d'élucider l'infection le pus journalier
du soleil

MINISTÈRE DE LA DOULEUR

Il me reste
un de ces cris à crier
sur le pont du village
pour connaître l'exact relief
de mon oreille en quartiers

êtes-vous sourds ?
ou m'avez-vous doublée
sur la grand-route des dénonciations...

LONG SORROW

Évangéline vengeresse
tu piétines désormais le savon
dont ils te rebattaient
les oreilles et la langue

de tes mains gicle un feu neuf
qui brossera les forêts
jusqu'aux lueurs du pôle

AJOUTS AU DOSSIER

Si le soleil maman
refuse de m'allumer

m'aideras-tu
à lui percer le ventre
à lui couper son bec
débordant de mutité
maman
m'aideras-tu

à manger ses rayons égoïstes
en temps de chasse interdite ?

car maman
le soleil m'a refusé sa chaleur
malgré ce nom taillé en lui

LUCIFER

L’enfant fait naître
à ce qu’il faut de perte

sous le bourreau soleil
nulle demeure
ni d’heure juste
entre les berceaux les tombes

VOIX DES RÉGIONS

Ils ont dit d'elle
c'est une aura brisée
un désordre ectoplasmique
que la terre ne veut plus porter

c'est sans compter
que la parole repousse
où elle veut
(notamment dans les corps ligotés)

mais quelle est *la voix des régions*
au chapitre de cet exorcisme intimidé ?

DES MURMURES DE CIMENT

Elle aime à présent les conspirations
trames scintillantes entre le bois et le fer

son avenir sous cloche
accueille les pirates du sens

tout est beau sur les planches
même les échardes
si l'on perce la subtilité
de leur technologie
les portes donnent
sur ce qu'on leur offre à claquer

cela se passe comme une imminence
simplement bafouillable

REPENTIRS DE L'HÉLIOTROPE

Le Verbe de la femme donne
naissance à l'inespéré mieux que
n'importe quelle aurore
rapporte René Char

toi tu commences à peine
à bégayer
des antidotes tragiques
à la maladie d'être enfant

tu nous détesteras tous
avec ton amour percuté
une épine qui ne ressortira jamais

LE BIVOUAC

L'abominable petite fille des neiges
a rendez-vous sur la Lune
avec le croquemitaine

ils chercheront la beauté
faute de mieux l'inventeront

je n'suis pas folle, lui dit-elle
je suis inconsciente

et mon inconscient
est plus fort que le tien

PLEUR 414

Une diamanterie d'abandons
s'octroie ton visage
cette marée t'a fait naître
et la douleur fructifie
dans une éternelle dureté

nous peuplerions ton masque
ainsi qu'une autre Abitibi
nul n'entrera dans nos phrases
sans avoir secouru sa langue

toute petite à la merci des dents

DÉTERGENTS SPIRITUELS

Ne vous amusez pas en chemin
faites votre prière
couchez-vous tôt
ne sont que les premières clochettes
de la domination
à remplacer pas à pas
par une langue moins sénile

à retourner nuit durant
dans des cauchemars dignes
de nettoyer la vie

ACCALMIE

La vie cesse d'être un péché
quelques instants/semaine
tu étais lierre et le redeviendras

aucun refuge ne rembourse
ce que tu dois arracher
d'entre les mains du mâle
et de sa femelle
furieux

ÉVASION

Les yeux de sa mère
les cheveux de sa mère
elle obtiendra pour mère
tout ce qu'elle nommera

tant et si bien
qu'elle ne se fondra plus
dans cette habitation

le verbe encore plus intraitable
d'avoir été mauvais rêve

POSTE RESTANTE

Femme-serpent
tout de même mordue
cherche phrase

dame en bleu
peine plein l'âme
nous a cueilli ce recoin

table débarrassée
table brève
force restante

FACE FERTILE DE LA LUNE

Autres Lilith
autres talismans

soliloques infirmiers
pour accueillir la Fille

fils et filles
jardins multipliés
derrière la palissade des races

sa céréale tarie

SÉCESSION

J'ai tué l'âme
qui obstruait la fenêtre

— au réveil elle était civile

trois coups de phrase à la porte
rappellent que le jour attend
approbation
son autre joue offerte
à la semelle du vent

la nature est le fruit de parents en guerre
l'enfant jeté dans une réconciliation
tout toboggans — tout labyrinthes

ÉPITAPHE INAUGURALE

Ils se réjouissent dans la souffrance
comme des chiots ivres dans une poche

demandent leur chemin
à cette petite ville dégénérée**
sans écouter les réponses

n'ayons plus soif
de leurs étouffements larvés

savourons l'élection
de notre mort à vivre
dans un autre déclic de terre

TÉMOIGNAGES DIVERS

« Si est la pitié, passion vitieuse aux Stoïques : ils veulent qu'on secoure les affligez, mais non pas qu'on fléchisse et compatisse avec eux. »

Michel de Montaigne, *Les Essais*

« Notre monde fabrique de la plainte, installant un malaise sourdement diffus, alors qu'il se donne plus que d'autres, et comme jamais, en promesse de beauté. »

Georges Vigarello, *Histoire de la beauté*

« Notre littérature raconte une histoire de petite misère et de grandiloquence. »

Jacques Brault, *Chemin faisant*

« Au cours des jeux, on peut battre les enfants comme plâtre : c'est pour rire ! »

Frère MARIE-VICTORIN, *Croquis laurentiens*

« Il y a toujours eu quelque chose de suicidaire dans la culture québécoise. Les anthropologues et les psychanalystes le savent depuis longtemps. Les écrivains de chez nous ont longuement décrit cette force que portent les Québécois en eux et qui les pousse parfois à vouloir s'annihiler dans l'immensité du vide, qu'il soit canadien, américain ou international. »

Christian RIOUX, *Le Devoir*, 5 mai 2006.

« la souffrance la pas belle et qui déforme
est dans l'âme un essaim de la mort de l'âme »

Gaston MIRON, *L'homme rapaillé*

Elle est dans ma voix, la criarde !
C'est tout mon sang, ce poison noir !
Je suis le sinistre miroir
Où la mégère se regarde !

Charles BAUDELAIRE, « L'Héautontimorouménos »

« Il faut aussi quelquefois user de violence, et résister aux convoitises des sens, avec une grande force, sans prendre garde à ce que veut la chair, et à ce qu'elle ne veut pas, et travailler surtout à la soumettre à l'esprit malgré elle.

Il faut la châtier et l'asservir, jusqu'à ce que, prête à tout, elle ait appris à se contenter de peu, à aimer les choses les plus simples, et à ne jamais se plaindre de rien. »

L'imitation de Jésus-Christ

« Rien de tel qu'une humiliation pour mettre en mouvement, au plus intime de nous, des énergies dont nous n'avions jamais soupçonné, jusque-là, qu'elles fussent si soucieuses de nous apparaître comme des *valeurs* à cultiver plutôt qu'à rejeter. Nous en serions presque à bénir nos humiliations de nous avoir fait découvrir toute l'ampleur et l'intensité, sans tabous, de ce qu'il y a de plus vrai en nous, notre identité pulsionnelle, vue et triturée et fécondée par une autre vérité non moins ample, intense et rythmique, celle de l'écriture. »

Marcel MOREAU, *Paroxysmes*

« J'écris pour décharger Job de cet emploi : tout prendre sur soi. »

Pierre OUELLET, *La vie de mémoire*

« Il est des moments où une énergique psychanalyse fait grand bien à la mémoire des peuples autant qu'à celle des individus. À la condition qu'elle n'aboutisse pas à un constat généralisé de l'échec cultivé avec masochisme. »

Fernand DUMONT, *Raisons communes*

« Ne plus être le passager clandestin de sa douleur. »

Joël POURBAIX, *Les morts de l'infini*

SÉQUENCES

Prologue muet

I

Grand écran de la douleur
La vie dure
Seule dans mon idée
Fissures de poupée
Je la friserai
Contre-jour
Les vaches maigres de Lotbinière
Les petits chiens

II

Brosses brûlées
Leçon d'histoire
La vie écrase le monsieur
Zénith battu
La petite fille-allumette

L'institut de bronzage
Bouche de salut
Médusée
Mentir pieux
La moissonneuse-batteuse
Confidence 818
La vérité (par la bouche des enfants)
Du vent !

III

Aurore bleue
Pâques
Faire vidange
L'abbé Claude (casse-tête)
Récupération
D'amour que sur terrain de cruauté
Poursuite triviale
Mon bébé noir
Circulaires tables des lois
Miniature menace
Le pain brûlé

IV

Ministère de la douleur
Long sorrow
Ajouts au dossier
Lucifer
Voix des régions
Des murmures de ciment
Repentirs de l'héliotrope
Le bivouac
Pleur 414
Détergents spirituels
Accalmie
Évasion
Poste restante
Face fertile de la lune
Sécession
Épitaphe inaugurale

Témoignages divers

Des extraits de ce recueil ont été publiés sous une forme légèrement différente dans les revues *Estuaire* et *Contre-jour*.

* Le poème « L'abbé Claude » est constitué de fragments d'interventions orales et de textes de Claude Gauvreau.

** L'expression « This degenerate little town » est empruntée à Thomas Ligotti.

ONT MAINTENANT PARU CHEZ LE LÉZARD AMOUREUX :

Méliane Ray, *Les impulsions orphelines*

José Acquelin, *Mexiquatrains*

Vincent Charles Lambert, *Paysages récents*

Gaétan Soucy, *L'angoisse du héron*

Frédéric Jacques Temple, *Un émoi sans frontières*

Thierry Dimanche, *L'aurore marâtre*

Alexis Lefrançois, *Pages tombées d'un livre*

Direction littéraire et artistique : Thierry Bissonnette
Composition et infographie : Isabelle Tousignant
Conception graphique : Infoscan Collette, Québec

Diffusion pour le Canada : Gallimard ltée
3700A, boulevard Saint-Laurent, Montréal (Qc), H2X 2V4
Téléphone : (514) 499-0072 Télécopieur : (514) 499-0851
Distribution : SOCADIS

Diffusion pour la France et la Belgique :
DNM (Distribution du Nouveau-Monde)
30, rue Gay-Lussac, 75005, Paris
France
site : http://www.librairieduquebec.fr
Téléphone : (33.1) 43.54.49.02 Télécopieur : (33.1) 43.54.39.15

Le lézard amoureux
C.P. 47116
Québec, Québec
G1S 4X1
mél : lezardamoureux@sympatico.ca
www.lezardamoureux.com

ACHEVÉ D'IMPRIMER
CHEZ MARQUIS IMPRIMEUR INC.
CAP-SAINT-IGNACE (QUÉBEC)
EN OCTOBRE 2006
POUR LE COMPTE DU LÉZARD AMOUREUX

Dépôt légal, 4e trimestre 2006
Bibliothèque nationale du Québec